# BIBEL
*in Leichter Sprache*

# Jesus erzählt von Gott

# BIBEL
in Leichter Sprache

# Jesus erzählt von Gott

**Reihe:**
Bibel in Leichter Sprache kompakt

**Autoren:**
Dieter Bauer, Claudio Ettl, Sr. M. Paulis Mels FSGM

**Illustrator:**
Dieter Groß

**Das Projekt „Evangelium in Leichter Sprache"
ist eine Kooperation von:**
Katholisches Bibelwerk e. V. Stuttgart
Akademie Caritas-Pirckheimer-Haus, Nürnberg
Franziskanerinnen von Thuine

**Webseite:**
www.evangelium-in-leichter-sprache.de

2. Auflage 2020
© 2017 Verlag Katholisches Bibelwerk GmbH, Stuttgart
Alle Rechte vorbehalten

Logo „Leichte Sprache": © Europäisches Logo für einfaches Lesen:
Inclusion Europe.
Weitere Informationen unter www.leicht-lesbar.eu
Umschlagmotiv und Illustrationen: Prof. Dr. Dieter Groß, Stuttgart
Umschlaggestaltung & Satz: Finken & Bumiller, Stuttgart

Hersteller gemäß ProdSG:
Druck und Bindung: Finidr s.r.o., Lípová 1965, 737 01 Český Těšín, Czech Republic
Verlag: Verlag Katholisches Bibelwerk GmbH, Deckerstraße 39, D-70372 Stuttgart

www.bibelwerk.de
ISBN 978-3-460-32196-0
Auch als E-Book erhältlich unter ISBN 978-3-460-51006-7

# Inhalt

Vorwort . . . . . . . . . . . . . . Seite 7

Jesus erklärt, warum es wichtig ist,
gut auf Jesus zu hören . . . . . . . . . . . Seite 10

Jesus erzählt ein Beispiel
vom Körner·säen . . . . . . . . . . . . . Seite 14

Jesus erzählt das Beispiel
vom Unkraut im guten Weizen . . . . . . . . Seite 20

Jesus erzählt das Beispiel
von einem kleinen Senf·korn . . . . . . . Seite 24

Jesus erzählt das Beispiel
vom Brot·backen . . . . . . . . . . . . Seite 26

Jesus erzählt das Beispiel
von einem kostbaren Schatz . . . . . . . . Seite 28

Jesus erzählt das Beispiel
von einer wertvollen Perle . . . . . . . . Seite 30

Jesus erzählt das Beispiel
von einem Fischer·netz . . . . . . . . . . Seite 32

Jesus erzählt das Beispiel von einem
reichen Mann und seinen 3 Dienern .... Seite 34

Jesus erzählt ein Beispiel von einem Vater
und seinen 2 Söhnen .............. Seite 40

Jesus erklärt, warum das Verzeihen
wichtig ist ...................... Seite 46

Jesus erzählt in einer Geschichte,
dass Gott gerecht und gütig ist ....... Seite 52

Jesus wehrt sich gegen die Hohe·priester . Seite 60

Jesus erzählt eine Geschichte von einer
Hochzeit für den Königs·sohn ........ Seite 66

Jesus erzählt eine Geschichte von 5 Mädchen
mit Kerze und 5 Mädchen ohne Kerze ... Seite 70

Jesus erzählt das Beispiel
von alten und neuen Sachen ......... Seite 74

Jesus erzählt ein Beispiel
von einem Schaf·stall .............. Seite 76

Hier erfahren Sie mehr über das Projekt
und über das Team ................ Seite 80

Verzeichnis der Bibel·stellen ......... Seite 84

# Vorwort

Liebe Leserin, lieber Leser,

wir Menschen wissen nicht, wie Gott ist.
Darum ist Jesus gekommen.
Jesus weiß, wie Gott ist.
Weil Jesus von Gott kommt.
Jesus hat uns Menschen von Gott erzählt.

Manchmal können wir Menschen Jesus nicht verstehen.
Weil Gott schwer zu verstehen ist.

Jesus hat überlegt:
  Wie kann ich die schweren Sachen von Gott erklären?
  Und über Gott erzählen?
  Und über das Himmel·reich?
  Und über die neue Welt von Gott?
  Damit die Menschen Gott verstehen können.
  Und sich über Gott freuen.

Jesus hatte eine Idee.
Jesus hat für die schweren Sachen von Gott
Geschichten ausgedacht.
Oder Beispiele.
Die Beispiele sollen zeigen:
So ähnlich wie in dem Beispiel ist es bei Gott.
Oder im Himmel.
Oder in der neuen Welt von Gott.


Liebe Leserin, lieber Leser,

in diesem Buch sind Beispiele aufgeschrieben.
Und Geschichten.
Jesus hat die Beispiele und Geschichten selber erzählt.

Matthäus war ein Freund von Jesus.
Matthäus hat viele Geschichten von Jesus gehört.
Dann hat Matthäus die Beispiele und Geschichten
von Jesus aufgeschrieben.
Alles, was Matthäus aufgeschrieben hat, heißt:
Matthäus·evangelium.

Evangelium ist ein griechisches Wort.
Evangelium bedeutet übersetzt: Frohe Botschaft.

Das Matthäus·evangelium steht in der Bibel.
Die Bibel ist in schwerer Sprache geschrieben.
Dieses Buch ist in Leichter Sprache geschrieben.

Wir wünschen Ihnen viel Freude beim Lesen.

Das Projekt·team:
Sr. M. Paulis Mels, Dieter Bauer und Claudio Ettl

Möchten Sie mehr über das Projekt und
über das Team erfahren?
Dann können Sie auf Seite 80 weiterlesen.

# Jesus erklärt, warum es wichtig ist, gut auf Jesus zu hören.

Matthäus 7,24–27

Einmal sagte Jesus:
Was ich erzähle, ist für euch wichtig.
Ihr seid kluge Menschen, wenn ihr mir genau zuhört.
Und ihr seid kluge Menschen, wenn ihr tut, was ich euch erzähle.

Jesus erklärte, was Klug·sein bedeutet.
Jesus erzählte dafür ein Beispiel.
Jesus sagte:
2 Männer wollten ein Haus bauen.
Der eine Mann war klug.
Der kluge Mann suchte zuerst einen festen Untergrund.
Auf dem festen Untergrund konnte das Haus sicher stehen.
Das Haus wackelte nicht.

Da kam ein schlimmer Sturm.
Der Sturm brauste.
Und tobte.
Und es kam Hoch·wasser.
Das Hoch·wasser tobte.
Aber das Haus blieb fest und sicher stehen.
Ohne zu wackeln.
Und ohne einzustürzen.

Der andere Mann war überhaupt nicht klug.
Der andere Mann baute das Haus auf Sand·boden.
Das Haus auf dem Sand·boden stand wackelig.
Da kam ein Sturm.
Der Sturm brauste.
Und tobte.
Und es kam Hoch·wasser.
Das Hoch·wasser tobte.
Das wackelige Haus stürzte ein.
Das Haus war total kaputt.

# Jesus erzählt ein Beispiel vom Körner·säen.

Matthäus 13,1–23

Einmal war Jesus an einem See.
Viele Menschen waren bei Jesus.
Alle Menschen wollten Jesus zuhören.
Darum stieg Jesus in ein Boot.
Das Boot fuhr auf den See.
So konnten alle Menschen Jesus sehen.
Und hören.

**1. Teil**
Jesus erzählte ein Beispiel von einem Bauern.
Jesus sagte:
    Ein Bauer ging auf sein Feld.
    Der Bauer wollte Samen·körner ausstreuen.
    Die Samen·körner sollten wachsen.
    Und Frucht bringen.
    Der Bauer streute die Körner auf die Erde.
    Aber einige Körner fielen auf den Weg.
    Da kamen Vögel.
    Die Vögel fraßen die Körner auf.

    Einige Körner fielen zwischen die Steine.
    Zuerst wurden aus den Körnern grüne Halme.
    Weil zwischen den Steinen noch ein bisschen
    Erde war.
    Und ein bisschen Wasser.

Aber dann schien die Sonne sehr heiß.
Da verwelkten die grünen Halme.

Einige Körner fielen in die Dornen.
Zuerst wurden aus den Körnern grüne Halme.
Die Dornen waren aber größer als die Halme.
Die Halme konnten nicht durch die Dornen
hindurch wachsen.
Die Halme verwelkten.

Die anderen Körner fielen auf guten Boden.
Aus den Körnern wurden zuerst grüne Halme.
An den grünen Halmen wuchsen neue Körner.
An einigen Halmen wuchsen 30 Körner.
An einigen Halmen wuchsen 60 Körner.
An einigen Halmen wuchsen sogar 100 Körner.

Jesus sagte:
    Wer Ohren hat, soll gut zuhören.

## 2. Teil

Jesus war mit dem Erzählen fertig.
Die Freunde fragten Jesus:
    Warum erzählst du dieses Beispiel?
    Was willst du mit diesem Beispiel von Gott
    erklären?

Jesus sagte:
    Ich möchte den Menschen gerne von Gott
    erzählen.
    Und vom Himmel·reich.
    Damit die Menschen froh werden.
    Und sich freuen.
    Aber die Menschen hören nicht richtig zu.
    Die Menschen hören nicht mit ihrem Herzen zu.
    Wer Gott verstehen will, muss mit dem Herzen
    zuhören.
    Wenn die Menschen mit dem Herzen zuhören,
    werden die Menschen froh.
    Darum erzähle ich Beispiele.
    Weil die Menschen Beispiele besser verstehen
    können.

**3. Teil**

Dann erklärte Jesus seinen Freunden das Beispiel
vom Körner·säen.
Jesus sagte:
    Bei den Menschen ist das so wie mit den Körnern.
    Einige Körner fallen auf den Boden.
    Die Körner vertrocknen.
    So ähnlich ist es bei einigen Menschen.
    Die Menschen hören mir zu, wenn ich von Gott
    erzähle.

Aber diese Menschen verstehen nicht mit ihrem Herzen.
Das Herz von diesen Menschen ist wie ein steiniger Boden.
Alles, was ich erzähle, vertrocknet in den Herzen.
Die Menschen glauben nicht, was ich erzähle.

Einige Körner fallen zwischen die Steine.
Zwischen den Steinen ist zu wenig Erde.
Und zu wenig Wasser zum Wachsen.
Die Körner vertrocknen.
So ähnlich ist es bei einigen Menschen.
Die Menschen hören zu, wenn ich von Gott erzähle.
Aber dann denken die Menschen über andere Sachen nach.
Und machen viele andere Sachen.
Die Menschen haben zu wenig Zeit, an Gott zu denken.
Die Menschen vergessen alles, was ich erzählt habe.
Die Menschen bleiben traurig.

Einige Körner fallen unter die Dornen.
Unter den Dornen können keine Körner wachsen.
Weil die Dornen so groß sind.

Die Körner vertrocknen.
So ähnlich ist es bei einigen Menschen.
Die Menschen haben viele Sorgen.
Vor lauter Sorgen hören die Menschen nicht richtig zu.
Und bleiben traurig.

Andere Körner fallen auf guten Boden.
Diese Körner können wachsen.
Diese Körner bringen Frucht.
So ähnlich ist es auch bei einigen Menschen.
Diese Menschen hören richtig zu.
Diese Menschen hören mit dem Herzen zu.
Diese Menschen können Gott verstehen.
Diese Menschen freuen sich über Gott.

# Jesus erzählt das Beispiel vom Unkraut im guten Weizen.

Matthäus 13,24–30

Einmal erzählte Jesus den Menschen von Gott.
Und vom Himmel·reich.
Dazu erzählte Jesus dieses Beispiel:

Mit Gott im Himmel·reich ist es wie mit einem Bauer.
Der Bauer streute gute Weizen·körner auf sein Feld.
Daraus sollte guter Weizen wachsen.
Danach ging der Bauer nach Hause.

Der Bauer hatte einen Feind.
Der Feind wollte den Bauern ärgern.
Der Feind ging zu dem Feld mit dem guten Weizen.
Der Feind streute heimlich Unkraut auf das Feld.
Der Bauer merkte das nicht.
Bald fing der Weizen zu wachsen an.
Das Unkraut fing auch zu wachsen an.
Nach einiger Zeit konnte man genau merken,
dass Unkraut zwischen dem Weizen war.
Die Arbeiter fragten den Bauern:
    Wieso ist Unkraut zwischen dem Weizen?

Der Bauer sagte:
    Bestimmt hat der Feind heimlich das Unkraut gesät.
Die Arbeiter fragten:
    Sollen wir das Unkraut aus dem Boden ausreißen?

Der Bauer sagte:
> Nein, lieber nicht.
> Sonst reißt ihr den Weizen auch aus Versehen heraus.
> Der Weizen soll mit dem Unkraut zu Ende wachsen.
> Bei der Ernte machen wir das so:
> Zuerst holen wir das Unkraut vom Feld.
> Dann verbrennen wir das Unkraut.
> Danach ernten wir den Weizen.
> Den Weizen sammeln wir in der Scheune.

Die Freunde sagten zu Jesus:
> Bitte, erkläre uns die Geschichte.
> Die Geschichte ist schwer zu verstehen.

Jesus erklärte die Geschichte.
Jesus sagte:
> Der Bauer streut den Weizen auf das ganze Feld.
> Das ist so, wie wenn ich von Gott erzähle.
> Ich erzähle von Gott in der ganzen Welt.
> Viele Menschen hören zu.
> Viele Menschen wollen so leben, wie Gott es gut findet.
> Diese Menschen sind wie der gute Weizen.

Andere Menschen wollen nichts von Gott wissen.
Diese Menschen wollen Böses tun.
Diese Menschen sind wie das Unkraut.
Das Unkraut und der Weizen wachsen zusammen
auf dem Feld.
Genau wie die guten und bösen Menschen
zusammen auf der Welt sind.
Bei dem Weizen kommt zum Schluss die Ernte.
Bei den Menschen kommt zum Schluss das Ende
der Welt.

Am Ende der Welt schickt Gott die Engel aus.
Die Engel holen die guten Menschen.
Die guten Menschen dürfen alle zusammen
bei Gott leben.
Dann freuen sich die guten Menschen.
Die guten Menschen strahlen wie die Sonne.
Die anderen Menschen wollten sowieso nichts
von Gott wissen.
Die anderen Menschen müssen nicht bei Gott
leben.
Aber später ärgern sich die anderen Menschen
darüber.

# Jesus erzählt das Beispiel von einem kleinen Senf·korn.

Matthäus 13,31–32

Jesus erklärte den Menschen, dass das Himmel·reich
klein anfängt.
Und langsam größer wird.
Und Platz für alle Menschen hat.

Jesus sagte:
    Mit dem Himmelreich ist es wie mit einem
    Senf·korn.
    Zuerst ist das Senf·korn ganz klein.
    Dann wächst das Senf·korn.
    Das Senf·korn wächst so groß wie ein Baum.
    Der Baum ist größer als andere Bäume.
    Die Vögel können in dem Baum ein Nest bauen.

# Jesus erzählt das Beispiel vom Brot·backen.

Matthäus 13,33

Jesus wollte den Menschen erklären:
Das Himmel·reich wächst so lange, wie wir
Menschen leben.
Das Himmel·reich ist erst ganz zum Schluss fertig.
Dazu erzählte Jesus ein Beispiel vom Brot·backen.
Jesus sagte:

Mit dem Himmel·reich ist es wie beim
Brot·backen.
Eine Frau will Brot backen.
Die Frau hat eine große Schüssel mit Mehl.
Und andere Zutaten.
Die Frau muss die Zutaten mit dem Mehl
verkneten.
Damit das Mehl zu einem richtigen Brot·teig wird.
Die Frau muss kneten und kneten.
Die Frau muss lange kneten.
Die Frau muss solange kneten, bis das Mehl mit
den Zutaten vermischt ist.
Davon wird der Teig dicker und dicker.
Ganz zum Schluss ist der Teig ein großes fertiges
Brot.

# Jesus erzählt das Beispiel von einem kostbaren Schatz.

Matthäus 13,44

Jesus wollte den Menschen erklären:
  Das Himmel·reich ist kostbar.
Deswegen erzählte Jesus ein Beispiel von einem kostbaren Schatz.

Das Beispiel ging so:

Mit dem Himmel·reich ist es ähnlich wie mit einem Schatz.
Der Schatz war in der Erde von einem Feld vergraben.
Das wusste keiner.

Einmal arbeitete ein Mann auf dem Feld.
Beim Umgraben bemerkte der Mann den Schatz.
Der Mann freute sich.
Der Mann wollte den Schatz gerne haben.

Darum machte der Mann das so:
Zuerst deckte der Mann den Schatz wieder mit Erde zu.
Dann nahm der Mann sein ganzes Geld.
Mit dem Geld kaufte der Mann das Feld.
Jetzt gehörte das Feld dem Mann.
Und der kostbare Schatz gehörte auch dem Mann.

# Jesus erzählt das Beispiel von einer wertvollen Perle.

Matthäus 13,44–46

Jesus wollte den Menschen erklären:
Das Himmel·reich ist wertvoll.
Darum erzählte Jesus das Beispiel von einer wertvollen Perle.

Das Beispiel ging so:

Es war einmal ein Kauf·mann.
Der Kauf·mann suchte wertvolle Perlen.
Eines Tages fand der Kauf·mann eine schöne Perle.
Die Perle war sehr wertvoll.
Der Kauf·mann wollte die Perle unbedingt haben.
Aber der Kauf·mann hatte zu wenig Geld.
Der Kauf·mann konnte die Perle nicht bezahlen.
Darum verkaufte der Kauf·mann alles, was er hatte.
Dafür bekam der Kauf·mann viel Geld.
Jetzt hatte der Kauf·mann genug Geld.
Der Kauf·mann konnte die schöne wertvolle Perle kaufen.

# Jesus erzählt das Beispiel von einem Fischer·netz.

Matthäus 13,47–50

Einmal sagte Jesus:
    Das Himmel·reich ist wie ein großes Fischer·netz.
    Die Fischer brauchen große Fischer·netze
    zum Fische·fangen.
    Die Fischer werfen das Netz ins Meer.
    Dann schwimmen die Fische in das Netz.
    Wenn das Netz mit Fischen voll ist,
    ziehen die Fischer das Netz ans Land.
    Am Land sehen die Fischer, was sie im Netz
    gefangen haben.
    Die Fischer suchen alle guten Fische aus.
    Die Fischer legen die guten Fische in einen Korb.
    Alle schlechten Sachen werfen die Fischer weg.

Jesus sagte:
    Am Ende von der Welt ist es so ähnlich.
    Die Engel von Gott suchen die guten Menschen
    zusammen.
    Die guten Menschen bleiben bei Gott.

# Jesus erzählt das Beispiel von einem reichen Mann und seinen 3 Dienern.

Matthäus 25,14–29

Das Himmel·reich kommt von Gott.
Aber Gott möchte, dass die Menschen Gott helfen.
Damit das Himmel·reich anfangen kann.
Einige Menschen können viel helfen.
Das ist gut.
Andere Menschen können etwas helfen.
Das ist auch gut.

Jesus wollte den Menschen erklären:
Das Wichtigste beim Helfen ist:
Dass Gott sich auf die Menschen verlassen kann.

Jesus erzählte dazu ein Beispiel von einem
reichen Mann.
Der reiche Mann hatte 3 Diener.
Aber der reiche Mann konnte sich nur auf
2 Diener verlassen.
Das Beispiel ging so:

Es war einmal ein reicher Mann.
Der Mann wollte für lange Zeit weg fahren.
Die Diener sollten in der Zwischen·zeit auf
das Geld von dem Mann aufpassen.
Und noch mehr Geld verdienen.

Der reiche Mann gab dem ersten Diener
5 Millionen Euro.
Dem zweiten Diener 2 Millionen Euro.
Dem dritten Diener 10 000 Euro.
Dann fuhr der reiche Mann weg.

Der erste Diener arbeitete sofort mit den
5 Millionen Euro.
Der Diener verdiente noch 5 Millionen Euro dazu.
Da hatte der Diener insgesamt 10 Millionen Euro.

Der zweite Diener arbeitete auch sofort mit
den 2 Millionen Euro.
Der zweite Diener verdiente noch 2 Millionen Euro
dazu.
Da hatte der Diener insgesamt 4 Millionen Euro.

Der dritte Diener ging in den Garten.
Der Diener machte im Garten ein tiefes Loch.
Der Diener legte die 10 000 Euro in das Loch.
Der Diener machte das Loch wieder zu.
Das war alles.
Der Diener arbeitete überhaupt nicht.
Der Diener dachte heimlich:
    So können die 10 000 Euro nicht verloren gehen.
    Jetzt kann ich keinen Ärger bekommen.

Nach langer Zeit kam der reiche Mann wieder
nach Hause.
Der reiche Mann war sehr gespannt.
Der reiche Mann wollte wissen, wie viel Geld
die Diener verdient haben.

Der erste Diener kam zuerst.
Der erste Diener sagte:
    Herr, du hast mir 5 Millionen Euro gegeben.
    Ich habe noch einmal 5 Millioner dazu verdient.
    Jetzt hast du 10 Millionen Euro.
Der reiche Mann sagte:
    Toll.
    Du hast tüchtig gearbeitet.
    Du bist ein guter Diener.
    Auf dich kann ich mich verlassen.
    Du sollst eine wichtige Aufgabe bekommen.
    Aber erst feiern wir ein Fest.

Dann kam der zweite Diener.
Der zweite Diener sagte:
    Herr, du hast mir 2 Millionen Euro gegeben.
    Ich habe noch einmal 2 Millionen dazu verdient.
    Jetzt hast du 4 Millionen Euro.

Der reiche Mann sagte:
    Toll.
    Du hast tüchtig gearbeitet.
    Du bist ein guter Diener.
    Auf Dich kann ich mich verlassen.
    Du sollst eine wichtige Aufgabe bekommen.
    Aber erst feiern wir ein Fest.

Zum Schluss kam der Diener mit den 10 000 Euro.
Der Diener ging in den Garten.
Der Diener holte die 10 000 Euro wieder aus
dem Loch.
Der Diener gab dem reichen Mann die 10 000 Euro.
Der Diener sagte:
    Hier ist dein Geld.
    Ich habe das Geld im Garten eingegraben.
    Damit von dem Geld nichts verloren geht.
    Du bekommst das ganze Geld zurück.
    Du brauchst keinen Ärger machen.

Da wurde der reiche Mann wütend.
Der reiche Mann sagte:
    Du solltest mit dem Geld arbeiten.
    Oder das Geld zur Spar·kasse bringen.
    Dann bekomme ich für das Geld Zinsen.
    Du bist ein fauler Diener.

Auf dich kann ich mich gar nicht verlassen.
Dich werfe ich raus.
Du sollst nicht mehr für mich arbeiten.
Und der Diener mit den 10 Millionen Euro
bekommt die 10 000 Euro noch dazu.
Weil ich mich auf den guten Diener verlassen
kann.

Jesus sagte:
Auf einige Menschen kann man sich verlassen.
Diese Menschen bekommen immer mehr.
Auf andere Menschen kann man sich gar nicht
verlassen.
Diesen Menschen gibt keiner gerne etwas.
Bei Gott ist es genauso.
Gott sieht, auf welche Menschen er sich verlassen
kann.
Diesen Menschen will Gott viel schenken.

# Jesus erzählt ein Beispiel von einem Vater und seinen 2 Söhnen.

Matthäus 21,28–32

Als Jesus lebte, gab es viele verschiedene Menschen.
Zum Beispiel Religions·gelehrte.
Oder Politiker.
Oder Schwindler.
Oder Prostituierte.

Die Religions·gelehrten und Politiker dachten:
    Wir sind gute Menschen.
    Weil wir studiert haben.
    Und weil wir über Gott Bescheid wissen.
    Und weil wir anständig sind.
    Gott kann sich auf uns verlassen.
    Die Schwindler und Prostituierten sind schlechte Menschen.
    Die Schwindler und Prostituierten machen unanständige Sachen.
    Auf die Schwindler und Prostituierten kann Gott sich gar nicht verlassen.

Aber die Schwindler und Prostituierten waren gute Freunde von Jesus.
Die Schwindler und Prostituierten hörten Jesus gerne zu.
Die Schwindler und Prostituierten glaubten, dass Jesus von Gott kommt.

Die Schwindler und Prostituierten versuchten
das zu tun, was Jesus sagte.

Die Religions·gelehrten und Politiker machten
sich über die Schwindler und Prostituierten lustig.
Und spotteten darüber.
Das war gemein.
Jesus erzählte den Religions·gelehrten und Politikern
eine Geschichte.
Die Geschichte ging so:

Es war einmal ein Vater.
Der Vater hatte 2 Söhne.
Einmal sagte der Vater zu dem ersten Sohn:
 Geh heute in den Wein·berg zum Arbeiten.
Der Sohn sagte:
 Ja, das mache ich.
Aber der Sohn ging trotzdem nicht zum Arbeiten
in den Wein·berg.

Da sagte der Vater zu dem zweiten Sohn:
 Geh heute in den Wein·berg zum Arbeiten.
Der zweite Sohn sagte:
 Nein, ich habe keine Lust.
Aber dann ging der zweite Sohn doch zum Arbeiten
in den Wein·berg.

Jesus fragte die Religions·gelehrten und Politiker:
Welcher Sohn hat getan, was der Vater wollte?
Auf welchen Sohn konnte sich der Vater verlassen?

Die Religions·gelehrten und Politiker sagten:
Der zweite Sohn hat getan, was der Vater wollte.
Obwohl der zweite Sohn zuerst keine Lust hatte.

Jesus sagte zu den Religions·gelehrten und Politikern:
Genau.
Das stimmt.
Dann erklärte Jesus die Geschichte.

Jesus sagte:
Die Schwindler und Prostituierten sind ähnlich
wie der zweite Sohn.
Die Schwindler und Prostituierten haben zuerst
einige unanständige Sachen gemacht.
Aber die Schwindler und Prostituierten hören zu,
wenn ich von Gott erzähle.
Die Schwindler und Prostituierten glauben,
was ich von Gott erzähle.
Die Schwindler und Prostituierten tun jetzt,
was bei Gott richtig ist.
Die Schwindler und Prostituierten sind jetzt
gute Menschen.

Jesus sagte feierlich:
> Amen, Amen. Ich sage euch:
> Die Schwindler und Prostituierte gehören viel mehr zu Gott als ihr.
> Ihr seid nämlich wie der erste Sohn.

Ihr sagt:
> Wir wissen alles über Gott.
> Wir haben alles über Gott studiert.
> Wir sind anständig.

Aber in Wirklichkeit tut ihr nicht, was Gott will.
Ihr macht euch über die anderen Menschen lustig.
Und verspottet die anderen Menschen.
Und ihr glaubt nicht, was ich von Gott erzähle.

# Jesus erklärt, warum das Verzeihen wichtig ist.

Matthäus 18,21–35

Petrus ist ein Freund von Jesus.
Petrus will von Jesus alles lernen.
Einmal hatte Petrus eine Frage an Jesus.
Petrus sagte:
    Jesus, ich habe einen Bruder.
    Der Bruder ärgert mich oft.
    Manchmal verzeihe ich meinem Bruder.
    Ist es genug, wenn ich meinem Bruder 7-mal am Tag verzeihe?

Jesus sagte:
    Nein. Das ist nicht genug.
    Du sollst mit dem Verzeihen nie aufhören.
    Du sollst deinem Bruder mindestens 77-mal am Tag verzeihen.

Jesus wollte erklären, dass die Menschen **immer** verzeihen sollen.
Weil Gott auch **immer** verzeiht.
Deswegen erzählte Jesus eine Geschichte vom Verzeihen.
Die Geschichte ging so:

Es war einmal ein König.
Der König hatte viele Diener.
Eines Tages wollte der König sehen, ob die Diener genug arbeiten.

Alle Diener mussten zum König kommen.
Die Diener mussten erzählen, was sie arbeiten.
Und wie viel Geld sie für den König einnehmen.
Alle Diener kamen an die Reihe.
Ein Diener hatte 10 000 Euro Schulden gemacht.
Der König war wütend.
Der König sagte:
    Zur Strafe musst du ins Gefängnis.
    Und deine Frau auch.
    Und deine Kinder auch.
    Ihr müsst solange ins Gefängnis, bis du deine Schulden bezahlt hast.

Der Diener war verzweifelt.
Der Diener jammerte.
Der Diener sagte:
    Nein, bitte nicht ins Gefängnis.
    Ich will tüchtig arbeiten.
    Und alle Schulden bezahlen.
    Ich strenge mich an.
    Ganz bestimmt.

Weil der Diener so jammerte, hatte der König Mitleid.
Der König sagte:
    Ok.
    Du brauchst nicht ins Gefängnis.
    Du musst mir auch die Schulden nicht bezahlen.

Das mache ich selber.
Ich verzeihe dir alles.

Da war der Diener sehr froh.
Und sehr erleichtert.
Der Diener ging nach Hause.

Unterwegs traf der Diener einen Kollegen.
Der Kollege arbeitete auch beim König.
Der Kollege hatte 10 Euro von dem Diener geliehen.
Der Kollege musste dem Diener die 10 Euro wieder zurückgegeben.
Der Diener sagte zu dem Kollegen.
    Gib mir die 10 Euro zurück.
    Sofort.
    Sonst kommst du ins Gefängnis.
Der Diener haute dem Kollegen ins Gesicht.

Der Kollege jammerte.
Der Kollege sagte:
    Ich habe das Geld jetzt nicht in der Tasche.
    Ich will dir das Geld morgen geben.
    Bitte, hab Geduld mit mir.
    Bitte, verzeihe mir.

Aber der Diener wollte nicht verzeihen.

Der Diener wollte die 10 Euro sofort haben.
Der Diener sagte:
>   Nein, ich verzeihe dir nicht.
>   Ich stecke dich ins Gefängnis.
>   Du kommst erst wieder aus dem Gefängnis,
>   wenn du die 10 Euro zurückgegeben hast.

Der Kollege jammerte und bettelte.
Aber der Diener hatte kein Mitleid mit dem Kollegen.
Der Diener wollte nicht verzeihen.
Der Diener steckte den Kollegen ins Gefängnis.

Die anderen Diener sahen, was passiert war.
Die anderen Diener waren traurig.
Die anderen Diener gingen zum König und erzählten alles.

Der König wurde wütend.
Der König rief den Diener.
Der König sagte zu dem Diener:
>   Du bist ein böser Diener.
>   Du hattest bei mir 10 000 Euro Schulden.
>   Eigentlich wollte ich dich ins Gefängnis stecken.
>   Aber du hast gejammert und gebettelt.
>   Da habe ich Mitleid gehabt.
>   Und ich habe die Schulden selber bezahlt.
>   Ich habe dich frei gelassen.
>   Ich habe dir alles verziehen.

Aber jetzt hast du deinen Kollegen ins Gefängnis gesteckt.
Nur weil der Kollege 10 Euro Schulden hatte.
Dein Kollege hat auch gejammert und gebettelt.
Aber du hast kein Mitleid gehabt.
Du hast die Schulden nicht verziehen.
Du hast den Kollegen ins Gefängnis geworfen.
Das ist gemein von dir.
Du sollst deinem Kollegen so verzeihen,
wie ich es bei dir gemacht habe.
Jetzt sollst du zur Strafe auch ins Gefängnis.
Wie dein Kollege.
Jetzt sollst du auch deine Schulden bezahlen.
Wie dein Kollege.
Du sollst so lange im Gefängnis sitzen,
bis du die 10 000 Euro bezahlt hast.

Jesus sagte zu seinen Freunden:
Gott ist ähnlich wie der König.
Der König verzeiht alles.
Gott verzeiht den Menschen auch alles.
Genau so sollen die Menschen alles verzeihen.
Egal, was passiert.
Wenn die Menschen selber nicht verzeihen,
ist Gott ähnlich wie der König.
Dann verzeiht Gott den Menschen auch nicht.

# Jesus erzählt in einer Geschichte, dass Gott gerecht und gütig ist.

Matthäus 20,1–16a

Jesus erzählte den Menschen, wie Gott ist.
Einmal wollte Jesus den Menschen erklären,
dass Gott gerecht ist.
Und gleichzeitig gütig.
Gütig bedeutet:
    Gut sein zu den Menschen.
Die Menschen konnten sich nicht vorstellen,
dass Gott gütig ist.
Darum erzählte Jesus eine Geschichte
von einem Bauern.
Der Bauer war gerecht.
Und gleichzeitig gütig.

So ging die Geschichte:

Es war einmal ein Bauer.
Der Bauer hatte viele Wein·berge.
Eines Tages waren die Wein·trauben reif.
Alle Wein·trauben mussten gepflückt werden.
Das war viel Arbeit.
Der Bauer brauchte viele Arbeiter.
Darum ging der Bauer am frühen Morgen
auf den Markt·platz.
Auf dem Markt·platz waren einige Leute.
Die Leute suchten Arbeit.
Damit sie Geld verdienen können.

Der Bauer fragte:
  Könnt ihr mir heute helfen, die Wein·trauben zu pflücken?
  Ihr bekommt 50 Euro dafür.
Die Leute freuten sich, dass sie Geld verdienen konnten.
Die Leute gingen mit dem Bauer in die Wein·berge.
Die Leute fingen an zu arbeiten.

Nach 3 Stunden merkte der Bauer:
  Die Arbeiter können alleine nicht die vielen Wein·trauben schaffen.
Der Bauer brauchte noch mehr Arbeiter.
Der Bauer ging wieder auf den Markt·platz.
Auf dem Markt·platz waren wieder Leute.
Die Leute suchten Arbeit.

Der Bauer fragte:
  Könnt ihr mir helfen, meine Wein·trauben zu pflücken?
  Ich zahle euch, was sich gehört.
Die Leute freuten sich, dass sie Geld verdienen konnten.
Die Leute gingen mit dem Bauer mit.
Die Leute fingen an zu arbeiten.

Am Mittag merkte der Bauer:
   Ich brauche noch mehr Arbeiter für die vielen
   Wein·trauben.

Der Bauer ging noch öfter auf den Markt·platz.
Der Bauer holte jedes Mal neue Arbeiter.
Der Bauer sagte jedes Mal:
   Könnt ihr mir helfen, die Wein·trauben zu
   pflücken?
   Ich gebe euch genug Geld dafür.
Die Leute freuten sich, dass sie genug Geld
bekommen.
Die Leute gingen mit dem Bauer mit.
Die Leute arbeiteten fleißig.

Gegen Abend merkte der Bauer:
   Die Arbeiter werden nicht fertig.
   Ich muss noch mehr Arbeiter holen.
   Wenigstens noch eine Stunde lang.
Der Bauer ging wieder auf den Markt·platz.
Der Bauer traf wieder einige Leute.
Der Bauer sagte:
   Könnt ihr mir eine Stunde helfen, die
   Wein·trauben zu pflücken?
   Ich gebe euch genug Geld für die Arbeit.

Die Leute freuten sich, dass sie etwas Geld verdienen konnten.
Die Leute gingen mit dem Bauer mit.
Die Leute gingen in den Wein·berg.
Die Leute arbeiteten fleißig.

Endlich waren alle Arbeiter mit der Arbeit fertig.
Alle Wein·trauben waren gepflückt.

Zum Abschluss sollten alle Arbeiter das versprochene Geld bekommen.
Der Bauer sagte zu einem Diener:
    Ruf alle Arbeiter hier her.
    Gib den Arbeitern das versprochene Geld.
    Gib zuerst den Arbeitern von heute Abend 50 Euro.
    Dann gib den Arbeitern von heute Mittag die 50 Euro.
    Dann den Arbeitern von heute Vormittag.
    Dann den Arbeitern von heute Morgen.
    Und ganz zum Schluss den allerersten Arbeitern von heute früh.
    Alle Arbeiter sollen 50 Euro bekommen.

So machte es der Diener.
- Zuerst gab der Diener den Arbeitern, die zuletzt am Abend gekommen waren, 50 Euro.

Die Arbeiter freuten sich.
- Dann gab der Diener den Arbeitern, die am Mittag gekommen waren, 50 Euro.

Die Arbeiter freuten sich auch.
- Dann gab der Diener den Arbeitern, die am Vormittag gekommen waren, 50 Euro.

Die Arbeiter freuten sich auch.
- Zum Schluss kamen die Arbeiter an die Reihe, die morgens ganz früh als Erste gekommen waren.

Die Arbeiter dachten, dass sie mehr Geld bekommen als die anderen.
Weil sie am längsten gearbeitet haben.
Aber der Diener gab auch den Arbeitern,
die am längsten gearbeitet hatten, 50 Euro.
Genauso wie allen anderen.

Die Arbeiter, die am längsten gearbeitet hatten, wurden sauer.
Die Arbeiter sagten zum Bauer:
   Wir haben am längsten gearbeitet.
   Weil wir die allerersten waren.

Trotzdem gibst du uns nur 50 Euro.
Die anderen sind zuletzt gekommen.
Die letzten haben nur 1 Stunde gearbeitet.
Die bekommen auch 50 Euro.
Das ist ungerecht.

Der Bauer sagte zu einem Mann:
Mein Freund, wieso ist das ungerecht?
Ich habe dir heute Morgen die 50 Euro versprochen.
Da hast du dich gefreut.
Jetzt bekommst du 50 Euro.
Da meckerst du.
Du hast keinen Grund zu meckern.
Weil wir alles abgesprochen haben.
Nimm dein Geld.
Geh nach Hause.
Ich kann mit meinem Geld machen, was ich will.
Du bekommst 50 Euro.
Das ist gerecht.
Und die anderen, die weniger gearbeitet haben, bekommen auch 50 Euro.
Das ist gütig.
Bist du sauer, weil ich zu den anderen gütig bin?

Jesus war mit der Geschichte fertig.
Jesus sagte:
    So ist Gott auch gütig zu den Menschen.

# Jesus wehrt sich gegen die Hohe·priester.

Matthäus 21,33–44

Als Jesus lebte, gab es mächtige Männer.
Einige mächtige Männer heißen: Hohe·priester.
Die Hohe·priester wollten alles bestimmen.
Die Hohe·priester wollten bestimmen, was die
Menschen tun.
Und was die Menschen sagen.
Die Hohe·priester passten genau auf die Menschen
auf.
Die Hohe·priester passten auch auf Jesus auf.
Jesus sagte:
    Die Menschen sollen auf Gott hören.
    Und tun, was Gott will.
    Die Menschen brauchen nicht auf die
    Hohe·priester hören.
Die Hohe·priester waren wütend auf Jesus.
Die Hohe·priester sagten:
    Was Jesus sagt, ist falsch.

Jesus erzählte den Hohe·priestern eine Geschichte.
Die Geschichte ging so:

Es war einmal ein reicher Mann.
Der reiche Mann baute einen Wein·berg.
Und alles, was zum Wein·berg dazu gehört:
– Zum Beispiel einen Turm.
Auf dem Turm sollten Wächter stehen.

Die Wächter sollten auf den Wein·berg aufpassen.
– Und eine Maschine.
Die Maschine ist zum Saft·auspressen.
– Und einen Zaun.
Damit keine Diebe kommen.

Als alles fertig war, wollte der reiche Mann verreisen.
Der reiche Mann suchte Wein·bauern.
Die Wein·bauern sollten im Wein·berg arbeiten.
Und die Wein·trauben ernten.
Und Wein machen.
Der reiche Mann sagte zu den Wein·bauern:
    Ihr bekommt als Lohn die eine Hälfte von
    dem Wein.
    Und ich bekomme die andere Hälfte von
    dem Wein.
Alle waren einverstanden.

Endlich war alles geerntet.
Der ganze Wein war fertig.
Der reiche Mann schickte seinen Diener zu den
Wein·bauern.
Der Diener sollte die Hälfte von dem Wein holen.
Wie es abgesprochen war.
Aber die Wein·bauern verprügelten den Diener.
Und behielten den ganzen Wein für sich selber.

Der reiche Mann schickte einen anderen Diener.
Der andere Diener sollte die Hälfte von dem
Wein holen.
Aber die Wein·bauern wollten den Wein nicht teilen.
Die Wein·bauern brachten den zweiten Diener um.

Der reiche Mann schickte einen dritten Diener.
Aber die Wein·bauern wollten den Wein nicht teilen.
Die Wein·bauern brachten den dritten Diener auch um.

Der reiche Mann schickte viele Diener zu den
Wein·bauern.
Aber die Wein·bauern wollten den Wein nicht teilen.
Die Wein·bauern brachten alle Diener um.

Zum Schluss dachte der reiche Mann:
    Mein Sohn soll den Wein holen.
    Zu meinem Sohn sind die Wein·bauern bestimmt
    nett.
Aber die Wein·bauern sagten:
    Den Sohn bringen wir erst recht um.
    Dann gehört uns der Wein·berg ganz alleine.

Die Wein·bauern töteten den Sohn.
Die Wein·bauern warfen den toten Sohn einfach weg.
Über den Zaun vom Wein·berg.

Jesus fragte die Hohe·priester:
    Was meint ihr?
    Was macht jetzt wohl der reiche Mann?

Die Hohe·priester sagten:
    Der reiche Mann ist wütend.
    Der reiche Mann bringt die Wein·bauern um.
    Der reiche Mann sucht bessere Wein·bauern.
    Die mit den Dienern ordentlich umgehen.
    Und die Hälfte von dem Wein abgeben.

Jesus sagte:
    Ja, das stimmt.
    Die Wein·bauern waren dumm und böse.
    Die Wein·bauern dachten:
        Der reiche Mann merkt nichts.
        Und lässt sich alles gefallen.
    Die Wein·bauern dachten, dass sie selber
    den ganzen Wein·berg bekommen.

Jesus sagte zu den Hohe·priestern:
    Ihr seid genauso dumm und böse wie die
    Wein·bauern.

Ihr denkt:
> Wir können alles bestimmen.
> Gott merkt nichts.
> Gott lässt sich alles von uns gefallen.

Ihr habt keine Ahnung von Gott.
Ihr wisst gar nicht, was Gott gut findet.
Ihr denkt, dass ihr alles richtig macht.

Aber Gott ist wie der reiche Mann.
Gott lässt sich von euch nicht alles gefallen.
Gott sucht sich bessere Menschen.

- Gott sucht Menschen, auf die er sich verlassen kann.
- Gott sucht sich Menschen, die nicht alles bestimmen.
- Gott sucht sich Menschen, die auf Gott hören.
- Und von Gott erzählen.
- Und die gut sind zu den Leuten.

# Jesus erzählt eine Geschichte über die Hochzeit von einem Königs·sohn.
Matthäus 22,1–10

Als Jesus lebte, gab es mächtige Männer.
Die mächtigen Männer wollten alles zu sagen haben.
Und alles bestimmen.
Zum Beispiel was die Menschen tun sollen.
Und was die Menschen sagen dürfen.
Und was die Menschen von Gott glauben sollen.

Die mächtigen Männer dachten:
    Wir sind gute Menschen.
    Wir kommen zu Gott in das Himmel·reich.
    Aber die anderen Menschen sind dumm.
    Die anderen Menschen kommen nicht zu Gott
    in das Himmel·reich.

Jesus sagte zu den mächtigen Männern:
    Was ihr denkt, ist falsch.
    Bei Gott ist es genau umgekehrt.
    Bei Gott ist es wie in der Geschichte von
    einem Hochzeits·fest.

Die Geschichte ging so:

Es war einmal ein König.
Der König hatte einen Sohn.
Der Sohn wollte heiraten.

Der König bereitete die Hochzeit für den Sohn vor.
Der König hatte viele Gäste eingeladen.
Endlich war die Hochzeit.
Alles war vorbereitet.
Das Essen war fertig.
Der Tisch war feierlich gedeckt.
Das Hochzeits·paar war auch da.
Nur die Gäste fehlten noch.

Kein einziger kam zur Hochzeits·feier.
Der König schickte die Diener los.
Die Diener sollten die Gäste holen.
Aber die Gäste hatten keine Lust.
Die Gäste wollten nicht kommen.
Ganz im Gegenteil.
Einige Gäste verhauten die Diener.
Einige Gäste brachten sogar die Diener
vom König um.

Der König wurde wütend.
Der König tobte.
Der König schickte Soldaten.
Die Soldaten machten die Häuser von
den Gästen kaputt.

Der König sagte zu den Dienern:
    Die Gäste sollen nicht mehr zu unserer Hochzeit kommen.
    Jetzt sollen andere Gäste kommen.
    Zum Beispiel Obdachlose von der Straße.
    Oder arme Leute.
    Oder Leute, die keine Freunde haben.
    Guckt, wo Leute sind.
    Ladet die Leute ein.

Die Diener gingen überall herum.
Und luden die anderen Leute ein.
Die Leute freuten sich.
Der Festsaal wurde voll.
Alle Gäste setzten sich an den Tisch.
Für alle Gäste war genug Platz.

# Jesus erzählt eine Geschichte von 5 Mädchen mit Kerze und 5 Mädchen ohne Kerze.

Matthäus 25,1–13

Einmal erzählte Jesus seinen Freunden eine
Geschichte von 5 Mädchen mit Kerze und 5 Mädchen
ohne Kerze.
Mit der Geschichte wollte Jesus sagen:
    Gott will ein Fest feiern.
    Alle Menschen sind zu dem Fest eingeladen.
    Die Menschen können sich schon bereit machen.
    Und warten.
    Keiner weiß, wann das Fest anfängt.

So geht die Geschichte:

Mit dem Fest bei Gott ist es so ähnlich wie mit
10 jungen Mädchen.
Die 10 Mädchen waren bei einer Hochzeit
eingeladen.
Die 10 Mädchen wollten mit dem Bräutigam
zusammen zur Hochzeit gehen.

Die Mädchen machten sich schick.
Die Mädchen warteten draußen auf den Bräutigam.
Die Mädchen mussten lange warten.
Es wurde spät.
Und dunkel.

Alle Mädchen hatte eine Laterne mit Kerzen.
Die Mädchen zündeten die Kerzen an.

Die Mädchen konnten wieder sehen.
Die Mädchen mussten noch immer warten.
Die Mädchen wurden müde.
Die Mädchen schliefen ein.
Die Kerzen brannten immer kürzer.
Zum Schluss gingen alle Kerzen aus.

Auf einmal kam der Bräutigam.
Draußen war alles dunkel.
Alle Kerzen waren aus.

Zum Glück hatten 5 Mädchen noch eine neue Kerze mit.
Die 5 Mädchen zündeten schnell die neue Kerze an.
Der Bräutigam konnte die 5 Mädchen mit der
Kerze sehen.

Die anderen 5 Mädchen hatten keine neue Kerze.
Die anderen 5 Mädchen sagten:
    Gebt uns schnell was von eurer Kerze ab.
    Wir wollen auch mit zur Hochzeit.
    Wir können ohne Kerze nichts sehen.

Die Mädchen **mit** der Kerze sagten:
    Das geht nicht.
    Dann haben wir selber keine Kerze mehr.
    Holt euch eine neue Kerze von zu Hause.

Die Mädchen **ohne** Kerzen rannten schnell nach Hause.
Die Mädchen **mit** den Kerzen gingen mit dem Bräutigam zur Hochzeit.
Alle feierten das Hochzeits·fest.

Endlich kamen die anderen Mädchen.
Die anderen Mädchen wollten auch mit·feiern.
Aber der Bräutigam sagte:
    Ich weiß gar nicht, wer ihr seid.
    Ich habe euch gar nicht gesehen.
    Ich habe nur die 5 Mädchen mit der Kerze gesehen.
    Die 5 Mädchen mit der Kerze haben auf mich gewartet.
    Die 5 Mädchen mit der Kerze feiern bei mir Hochzeit.

Jesus sagte:
    Keiner weiß, wann das Fest bei Gott beginnt.
    Alle müssen lange warten.
    Ihr sollt immer wieder neu anfangen zu warten.
    So wie die 5 Mädchen eine neue Kerze bei sich hatten.
    Und die neue Kerze angezündet haben.

# Jesus erzählt das Beispiel von alten und neuen Sachen.

Matthäus 13,51

Einmal fragte Jesus seine Freunde:
    Habt ihr die Beispiele und Geschichten
    alle verstanden?
Die Freunde sagten:
    Ja.

Jesus sagte zu seinen Freunden:
    Ihr sollt den Menschen auch vom Himmel·reich
    erzählen.
    Und von Gott.
    Dafür könnt ihr meine alten Beispiele und
    Geschichten erzählen.
    Dann können die Menschen euch besser
    verstehen.
    Oder ihr erzählt neue Beispiele und Geschichten.

Jesus sagte:
    Das ist so wie bei Leuten, die in einem Haus
    wohnen.
    Die Leute haben viele Sachen in ihrem Haus.
    Die Leute gebrauchen ihre alten Sachen.
    Und die Leute gebrauchen ihre neuen Sachen.
    So sollt ihr auch alte und neue Geschichten
    und Beispiele erzählen.

# Jesus erzählt ein Beispiel von einem Schaf·stall.

Johannes 10,1–10

Jesus erzählte immer wieder von Gott.
Und dass Jesus selber von Gott kommt.
Und dass Jesus nur Gutes für die Menschen tun will.
Genauso wie Gott.
Jesus wollte den Menschen erklären, wie gut
Jesus ist.
Dafür erzählte Jesus das Beispiel von einem
Schaf·stall:

Schafe haben einen Stall.
Das ist der Schaf·stall.
Der Schaf·stall hat eine Tür.
Die Schafe gehen durch die Tür in den Schaf·stall.

Der Mann, der auf die Schafe aufpasst, ist der Hirte.
Der Hirte geht auch durch die Tür in den Schaf·stall.
Genauso wie die Schafe.

Der Hirte kennt alle seine Schafe.
Der Hirte hat jedes Schaf lieb.
Der Hirte hat für jedes Schaf einen Namen.
Der Hirte ruft jedes Schaf mit seinem Namen.
Der Hirte führt die Schafe auf die Wiese.
Der Hirte geht vor.
Dann gehen die Schafe hinter dem Hirten her.

Die Schafe hören und tun, wenn der Hirte etwas sagt.
Die Schafe kennen ihren Hirten genau.
Die Schafe können die Stimme von dem Hirten erkennen.
Wenn der Hirte da ist, sind die Schafe in Sicherheit.

Manchmal will einer die Schafe stehlen.
Das ist ein Dieb oder ein Räuber.
Der Räuber geht nicht durch die Tür in den Schaf·stall.
Der Räuber steigt heimlich durch das Fenster in den Schaf·stall.
Daran kann man merken, dass das ein Räuber ist.

Manchmal kommt ein fremder Mann.
Der fremde Mann ruft die Schafe wie der Hirte.
Aber die Schafe merken, dass der fremde Mann eine andere Stimme hat.
Die Schafe hören nicht auf den fremden Mann.
Die Schafe rennen sofort weg.

Dieses Beispiel erzählte Jesus seinen Freunden.
Die Freunde verstanden nicht, was Jesus mit dem Beispiel sagen wollte.

Darum erklärte Jesus das Beispiel.

Jesus sagte:
> Ich bin selber die Tür zu den Schafen.
> Ich passe gut auf meine Schafe auf.
> Die Menschen sind wie die Schafe.
> Wer zu mir kommt, der ist in Sicherheit.
> Ich passe auf, dass die Menschen leben können.
> Und sich am Leben freuen.
>
> Manchmal kommen fremde Leute.
> Die fremden Leute sagen:
>> Ich komme von Gott.
>> Auf mich könnt ihr euch verlassen.
>
> Aber diese fremden Leute sind wie die Räuber
> und Diebe im Schaf·stall.
> Diese fremden Leute wollen die Schafe nur stehlen.
> Und schlachten.
> Und umbringen.

Jesus sagte:
> Ich bin die Tür.
> Wer zu mir kommt, wird gerettet.
> Ich komme von Gott.
> Ich bin gekommen, damit ihr Leben in Fülle habt.
> Leben in Fülle heißt:
> Ein volles, frohes und gutes Leben.
> Ich bin gekommen, damit ihr ein volles,
> frohes und gutes Leben habt.

# Hier erfahren Sie mehr über das Projekt und das Team.

### Wie heißt das Projekt?
Das Projekt heißt:
    Die Bibel in Leichte Sprache übersetzen.
Damit alle Menschen die Bibel verstehen können.
Und alle Menschen wissen: Gott ist gut.


### Wer ist das Team für das Projekt?
Das Team für das Projekt sind Dieter Bauer,
Claudio Ettl und Schwester M. Paulis Mels.
Dieter Bauer, Claudio Ettl und
Schwester M. Paulis Mels wünschen:
    Alle Menschen sollen erfahren, dass Gott gut ist.
Darum haben Dieter Bauer, Claudio Ettl und
Schwester M. Paulis Mels beschlossen:
    Wir übersetzen die Bibel in Leichte Sprache.

Das Übersetzen in Leichte Sprache ist schwer.
Darum braucht das Team Helferinnen und Helfer.

Die Helferinnen und Helfer sind Beschäftigte
in einer Werkstatt (WfbM).
Oder an einem anderen Arbeits·platz.

© KiZ-Foto: Heberling

Die Helferinnen und Helfer prüfen die Übersetzung
vom Team:
- Hat das Team wirklich in Leichte Sprache
  übersetzt?
- Ist die Übersetzung gut zu verstehen?


Wer hat die Bilder gemalt?
Die Bilder hat Dieter Groß gemalt.
Dieter Groß ist ein Professor für Kunst.
Dieter Groß wohnt in Stuttgart.

Gibt es noch mehr Bibel·bücher in Leichter Sprache?
Ja.
Es gibt noch mehr Bibel·bücher in Leichter Sprache.
Die Bibel·bücher in Leichter Sprache heißen:
- Evangelien der Sonn- und Festtage im Lesejahr A
  ISBN 978-3-460-32194-6
- Evangelien der Sonn- und Festtage im Lesejahr B
  ISBN 978-3-460-32195-3
- Evangelien der Sonn- und Festtage im Lesejahr C
  ISBN 978-3-460-32198-4


Wie kann ich noch mehr über die Bibel
in Leichter Sprache erfahren?
Im Internet können Sie noch mehr über die Bibel
in Leichter Sprache erfahren.

Schauen Sie auf diese Internet·seite:
**www.evangelium-in-leichter-sprache.de**

Dort finden Sie für jeden Sonntag einen Text
aus der Bibel.
Und ein Bild zu dem Text.
Dort können Sie die Texte auch anhören.
Oder in Gebärden·sprache sehen.

So sieht die Internet·seite aus:

# Evangelium in Leichter Sprache

Such-Wort

Evangelium von diesem Sonntag | Evangelium von nächstem Sonntag | Weitere

## 14. Sonntag im Jahreskreis

Matthäus 11,25-30

**Jesus freut sich über Gott, den Vater im Himmel**

Einmal sprach Jesus mit Gott im Himmel.
Jesus sagte:
Vater im Himmel.
Ich bin froh über dich.
Ich freue mich über dich.
Ich freue mich besonders, weil du ganz einfach bist.
Du bist un-kompliziert.
Du bist einfach zu verstehen.
Darum können dich die un-komplizierten Menschen verstehen.
Die Menschen, die einfach sind.
Und schlicht.
Und bescheiden.
Diese Menschen freuen sich über dich.
Diese Menschen wissen, dass du Gott bist.
Und dass ich dein Sohn bin.
Vater.
Deswegen freue ich mich.
Deswegen bin ich so glücklich über dich.

# Verzeichnis der Bibel·stellen

Matthäus 7,24–27
Das Bildwort vom klugen und törichten Hausbau
Seite 10

Matthäus 13,1–23
Das Gleichnis vom Sämann
Seite 14

Matthäus 13,24–30
Das Gleichnis vom Unkraut unter dem Weizen
Seite 20

Matthäus 13,31–32
Das Gleichnis vom Senfkorn
Seite 24

Matthäus 13,33
Das Gleichnis vom Sauerteig
Seite 26

Matthäus 13,44
Das Gleichnis vom Schatz
Seite 28

Matthäus 13,45–46
Das Gleichnis von der Perle
Seite 30

Matthäus 13,47–50
Das Gleichnis vom Fischnetz
Seite 32

Matthäus 13,51
Das Bildwort vom Hausvater
Seite 74

Matthäus 18,21–35
Über die Pflicht zur Vergebung
Seite 46

Matthäus 20,1–16a
Das Gleichnis von den Arbeitern im Weinberg
Seite 52

Matthäus 21,28–32
Das Gleichnis vom willigen und vom unwilligen Sohn
Seite 40

Matthäus 21,33–44
Das Gleichnis von den Winzern
Seite 60

Matthäus 22,1–10
Das Gleichnis vom königlichen Hochzeitsmahl
Seite 66

Matthäus 25,1–13
Das Gleichnis von den klugen und den törichten Jungfrauen
Seite 70

Matthäus 25,14–29
Das Gleichnis von den anvertrauten Talenten Silbergeld
Seite 34

Johannes 10,1–10
Der gute Hirt
Seite 76